# Economía Espuria para todos

CLAUDIO PARDO MOLINA

## DEDICATORIA

Dedico este libro a todos los gerentes del siglo XXI conscientes de la nueva economía, la cual combina valores humanistas en contraste con la visión exclusivamente materialista del siglo pasado.

"Toda frase breve acerca de la economía es intrínsecamente falsa".

Alfred Marshall, economista británico (1842- 1924)

# CONTENIDO

## AGRADECIMIENTOS

A la musa inspiradora y madre de mis cinco hijos, Giannina Colombo.

A mi padre Cronos y a mi madre Caos.

A mis queridos maestros, quienes han despertado en mí una insaciable necesidad de saber y aportar a la sociedad.

# DEFINICIONES DEL LIBRO

Muy a mi pesar puedo decir que las principales definiciones de la economía se han ido diluyendo en el último tiempo debido al uso que le dan personajes influyentes de la vida pública actual.

La economía es una ciencia social, es decir, no es una ciencia exacta porque estudia el comportamiento del hombre ante la escasez de recursos. Esta definición así de amplia es la que le ha permitido analizar, explicar y resolver muchos problemas a la sociedad actual. Pero esa misma definición tan amplia en manos de líderes irresponsables es la que está erosionando gran parte del sentido común que nos quiere entregar la economía, porque realmente lo que se busca es asociar a la ciencia económica con la palabra capitalismo.

Como el ánimo de este libro es defender la belleza de la ciencia económica, solo diré que el capitalismo[1] es el sistema económico

---

[1] https://dle.rae.es/?id=7KCG1Bg

basado en la propiedad privada de los medios de producción y en la libertad de mercado. Como se ve, el capitalismo es un sistema económico como muchos otros. El capitalismo no es la economía. En otras palabras, economía no es sinónimo de capitalismo, ya que en el otro lado de la vereda se podría decir que el Marxismo también es un sistema económico.

Lamentablemente muchos líderes modernos quieren instalar en el sentido común de las masas que la economía es mala porque economía es sinónimo de capitalismo. Y lo hacen a través de un sinnúmero de ejemplos espurios que iré entregando a lo largo de este libro. Usaré el termino Espurio[2] pensando en sinónimos como ilegítimo, adulterado, falsificado, imitado, fraudulento y falso. Y estos ejemplos espurios se dan cuando explican los problemas económicos con una parte de toda la teoría porque el fin solo es desprestigiar a esta ciencia social. Porque tal como nos dicen las madres y abuelitas cuando niños "Una media verdad también es una mentira".

---

[2] https://es.wikipedia.org/wiki/Espurio

Efectivamente percibo que en gran parte de la sociedad se están usando aplicaciones espurias para resolver problemas económicos, haciéndole un daño muy grande a esta ciencia moderna que estudia la escasez de los recursos. Por lo que intentaré hacer una introducción a la economía dando ejemplos espurios que son usados cotidianamente en los medios de comunicación, aumentando la probabilidad de que los futuros votantes y administradores de organizaciones sociales terminen cometiendo errores garrafales en su gestión.

La economía abarca una inmensidad de temas por lo que comenzará a una pincelada de las principales definiciones que se usan en las Facultades de Economía del mundo. Y con el solo fin de polemizar iré agregando ejemplos espurios para que el lector se cuestione los ejemplos espurios de economía con los que es bombardeado día a día en las redes sociales y otros medios de comunicación. Acá van estas definiciones:

- FIJACIÓN DE PRECIOS: La economía estudia la forma en que se determinan los precios del trabajo, capital y la tierra así como de la forma en que se asignan estos recursos.

En palabras más simples, se estudian las remuneraciones, tasas de interés y valorización de bienes inmobiliarios.

Ejemplos espurios de fijación de precios podrían ser algunos de los siguientes: Las remuneraciones son bajas porque han llegado muchos extranjeros. Las tasas de interés podrían bajar si el Estado (Banco Central) emite más dinero circulante. Los bienes raíces están caros porque las inmobiliarias no quieren construir más casas ni edificios.

- MERCADOS FINANCIEROS: Estudia el comportamiento de los mercados financieros y evalúa la manera en que asignan el capital al resto de la economía. Es decir, estudia cómo se comportan los bancos, casas de créditos y todos aquellos lugares que le prestan dinero o tienen cuentas de ahorro de personas, empresas o del mismo gobierno.

Ejemplos espurios son los que nos escuchamos en los medios de comunicación como lo siguientes: Los bancos prestan dinero a los que pueden pagar y cuando realmente lo necesitas no lo hacen. El gobierno debería no conseguirse dinero de los bancos internacionales porque son más caros y nos hacen dependientes de países más poderosos.

• DISTRIBUCIÓN DE LA RENTA: La economía estudia las diversas formas en que se puede ayudar a los pobres sin influir de forma negativa al resto de la economía. Este punto es uno de los más usados por los políticos que ocupan cargos en el gobierno ejecutivo o en el legislativo como senadores y diputados. Porque un tema de constante conflicto en los movimientos sociales se basa en la pobreza extrema así como en las desigualdades de renta entre diversos grupos sociales.

Una expresión espuria e puede ser aquella que nos han dicho líderes de gran connotación y son como: Si le quitamos los recursos a los más ricos podremos ayudar a los pobres. Los pobres están así porque tiene menos capacidades. Nuestro país es pobre porque ha recibido inmigrantes pobres.

• GOBIERNO E IMPUESTOS: Explora el influjo del gasto, los impuestos y los déficit presupuestarios del Gobierno de turno en el crecimiento de cada país.

Ejemplos espurios pueden ser: Si subimos los impuestos podremos ayudar a los pobres con mayor gasto social. Si el estado sube los impuestos solo generará más pobreza. Como se ve he puesto ejemplos contrapuestos porque estas expresiones son demasiado simplistas y casi nunca se basan en la experiencia empírica adaptada a la realidad de cada país.

• DESEMPLEO Y PRODUCCIÓN: Examina las causas del desempleo y el cambio en la producción, que determinan los ciclos económicos para elaborar medidas que los mejoren. Es decir, estudia el crecimiento del país y el empleo o cantidad de trabajo que genera este crecimiento económico.

Los ejemplos espurios que se repiten constantemente son: En la medida que aumenta el crecimiento del país aumentarán los salarios promedio. El desempleo se debe a que las empresas automatizan procesos que dejan sin trabajo a los más desposeídos. El desempleo aumentó porque la población ha envejecido.

• COMERCIO INTERNACIONAL: Explora los modelos del comercio internacional para determinar las consecuencias de las barreras comerciales. En esta parte es donde se hacen las políticas económicas que determinan los aranceles a la entrada de productos como el azúcar, el harina e incluso a la libre movilidad del empleo entre países limítrofes.

Ejemplos espurios son: Es mejor impedir que se importe tanta harina porque así protegemos la industria local, sin nombrar a los consumidores de pan que pagan más por el kilo. Otro ejemplo es que deberíamos restringir la cantidad de trabajadores internacionales en cada empresa para proteger la tasa de desempleo nacional.

• CRECIMIENTO: Estudia el crecimiento en los países en vías de desarrollo y plantea medidas para impulsar la utilización eficiente de los recursos. En esta parte la ciencia económica plantea diversas ideas, desde tomar la decisión de seguir concentrada en una sola industria como la alimenticia o la minería hasta definir que ahorrará dinero de impuestos para invertirlos en educación con el fin de apoyar el crecimiento de largo plazo.

Un ejemplo espurio es que se crea que el crecimiento depende exclusivamente del estado dejando de lado a las empresas de cada país. Otro ejemplo espurio sería creer que el país ha dejado de crecer exclusivamente por culpa de las empresas locales sin evaluar el impacto que pueda tener la economía internacional, que es medida a través de las balanzas de pagos de cada país.

# Introducción al Economía Espuria

Ahora que he entregado varios ejemplos espurios de la economía pasaré a ir describiendo las definiciones más usadas en esta ciencia. Como el fin es demostrar el mal uso de la economía iré entregando ejemplos espurios que se usan cotidianamente para continuar enseñando las bases de esta ciencia con lo que no es, es decir, enseñando lo contrario para que el lector infiera con toda libertad lo que sí podría ser.

La Escasez

En cada elección escuchamos a nuestros políticos ofreciéndonos algún tipo de gratuidad en temas de importancia social como la vivienda, educación, salud o seguridad social como si tuvieran un presupuesto infinito. Muchas jefaturas nos piden cumplir metas crecientes en el mismo horario y muchas veces no evalúan si tenemos las competencias técnicas o humanas para realizar tales labores .En la negociaciones colectivas los dirigentes piden subir los sueldos y bajar la cantidad de horas trabajadas como si las ventas de las medianas empresas fueran a crecer exponencialmente. En los hogares nuestros hijos quieren salir de vacaciones a los mejores lugares y videojuegos de precios exorbitantes. En todos los ejemplos anteriores se puede observar la ambición humana descarriada que le exige muchos recursos a una contraparte sin evaluar las restricciones de recursos como dinero, conocimiento o tiempo que puedan existir, a eso se refiere la escasez.

El tema de la escasez es un tema apasionante porque se puede observar en casi todos los problemas de la vida cotidiana. Escasez se refiere a que las personas siempre tenemos recursos escasos, sin embargo nos gustaría asignarlos a múltiples alternativas y alguien debe decidir. Debido a lo anterior en todas las sociedades y a lo largo de la historia se puede ver que se ofrece menos de lo requerido. Esto se puede observar con diversos ejemplos espurios y otros reales a saber: A nivel microeconómico se da cuando una familia debe decidir dónde ir de vacaciones con la dificultad de que el tiempo es escaso ya que solo cuentan con un cuatro semanas a lo que se agrega la escasez del dinero que podría agregarse como restricción.

A nivel macroeconómico se presenta cuando un gobierno tiene demandas sociales que exigen mejoras en salud, educación y seguridad social, comenzando las presiones de los diferentes grupos económicos para destinar un porcentaje de los ingresos que reciben a través de los impuestos.

En este punto creo que el mejor ejemplo de escasez espuria es cuando el estatismo extremo dice que se pueden mejorar estas tres variables a la vez sin importar que queden deudas en el largo plazo para los gobiernos que puedan ser elegidos en el próximo período. Un ejemplo espurio de escasez para el liberalismo es oponerse a cualquier mejora en estos tres ámbitos sociales porque es mejor no interferir los mercados "perfectos".

Como se está viendo, la economía es una ciencia social que estudia la forma en que la sociedad administra sus recursos escasos.

Ahora bien, en casi todos los países estos recursos no son gestionados por una planificación centralizada desde el gobierno, a excepción de Cuba, Venezuela o Corea del norte.  Al no asignar los recursos escasos por un gobierno central, la economía estudia la asignación de recursos a través de millones de acciones conjuntas que son realizadas por los hogares, empresas y el estado de forma paralela. Así las cosas, la economía estudia la toma de decisiones de las personas respecto al tiempo que destinan a trabajar o al ocio, la cantidad de dinero que destinan a comprar en vez de ahorrarlo o invertirlo.

Espuriamente escuchamos en las redes sociales que la gente debería trabajar menos para dedicarse a hacer lo que más quieren sin antes estudiar casos similares en otros países, dado que en algunos ha tenido el efecto de que la gente termina trabajando en dos empresas diferentes, por lo que se debe estudiar muy bien esta idea antes de implementarla. Otro ejemplo espurio es creer que la gente no ahorra en su sistema previsional de la vejez porque prefiere consumir todos sus ingresos en vez de hacer previsiones para el futuro, siendo que al analizar los datos empíricos se puede observar que gran parte de la población tiene ingresos que apenas les permiten subsistir.

También investiga la forma en que se interrelacionan las decisiones de asignación de recursos escasos entre las personas, las empresas, el gobierno y los mercados internacionales. En este caso, se analiza la forma en que múltiples negociaciones entre compradores y vendedores negocian el precio y la cantidad de un bien o servicio. En este caso los compradores o vendedores pueden ser personas, empresas o el mismo gobierno. Finalmente , las ciencias económicas estudian las  dinámicas y tendencias que afectan estas transacciones en conjunto, tales como el aumento del ingreso per cápita de la población, la tasa de desempleo en relación con la inflación.

En este último caso un ejemplo brutal de economía espuria que se aplicó en los gobiernos de los años 70s en Chile y gran parte de Latinoamérica fue la curva de Phillips, la que relacionaba positivamente la inflación con el empleo, es decir, se creía que si los gobiernos emitían más circulante como billetes y monedas se lograría generar una inflación tal que indirectamente lograría pleno empleo de los votantes. Las causas fueron catastróficas ya que al final del día terminaron con inflación y desempleo.

La Eficiencia

Eficiencia es lograr la mayor cantidad de cosas con una misma cantidad de recursos o lograr una cantidad de cosas con la menor cantidad de recursos. A pesar de una definición tan simple y clara podemos ver que a diario ni siquiera pensamos en cómo hacer más eficientes nuestras decisiones pero en mi opinión la eficiencia es el motor de casi todas las innovaciones y emprendimientos que impulsan a nuestra sociedad actual.

Durante años los taxistas fueron un monopolio regulado por los gobiernos de las principales ciudades del mundo hasta que llegó Uber y otras plataformas que logran realizar el mismo viaje a menor precio y con mayor seguridad haciendo más eficiente el uso de los vehículos particulares. Otro ejemplo que hace más eficiente el uso de las casas particulares son las aplicaciones que permiten reservar como hoteles las propiedades de los miembros de este tipo de redes sociales. Así podría dar un sinnúmero de ejemplos cotidianos que utilizan a la eficiencia como motor de cambio económico.

La propiedad esencial de la economía es reconocer la realidad de la escasez y por lo tanto se centra en averiguar las formas en que podemos organizar los recursos de la forma más eficiente. En esta parte es donde las ciencias económicas han realizado contribuciones que ha configurado nuestra sociedad actual.

En esta parte aparecen las voces disidentes que cuestionan la eficiencia, en especial cuando se deben aplicar procesos de ajuste que ahorren recursos. Estas voces disidentes son las que dan ejemplos espurios contra la eficiencia y por lo tanto contra la economía. Ejemplos espurios pueden ser: Cuando un gobierno no subvenciona la educación superior porque así podrá ahorrar para financiar políticas de salud. Otro ejemplo se da cuando se busca ser eficiente dejando de pagar una indemnización sin medir que al dejar trabajando a un funcionario molesto este entregará un pésimo servicio haciendo bajar las ventas muy por sobre este costo. Como se ve la economía enseña el concepto de eficiencia pero es nuestro deber intentar comprender el problema de forma global para poder medir sus reales consecuencias y por lo tanto concluir si la decisión es o no espuria.

## Eficiencia y equidad

En general es muy fácil confundir una decisión eficiente de una equitativa. Según mi propia opinión esto se puede originar en que una sociedad socialista o capitalista siempre buscará sacar el mejor provecho de sus escasos recursos. Pero la gran diferencia se hará patente cuando quiera distribuir equitativamente estos recursos. Efectivamente la eficiencia tiende a relacionarse con el crecimiento económico, en cambio la equidad define la forma en que se repartirá este crecimiento. Lamentablemente eficiencia y equidad tienden a presentar objetivos contrapuestos que muchas veces se definen en las urnas o peor aún, en las calles.

Acá quisiera dar ejemplos tan cotidianos como las decisiones que deben tomar los padres respecto del futuro de los hijos. El padre podría querer ahorra un 30% de los sueldos de ambos (padre y madre) para acumular un fondo que le pague los estudios universitarios a sus tres hijos, esto es muy eficiente. Sin embargo esta familia tiene al hijo del medio con graves problemas de aprendizaje que requieren un gran aporte económico mensual solo para el. Así las cosas, la madre propone que es mejor ser equitativo y destinar 20% de este fondo solo para el hijo del medio, un 5% para el hijo mayor y el 5% restante para el hijo menor. La madre tiene como fin de que los tres hijos tengan igualdad de oportunidades, dada la diferencia del hijo del medio. La madre es equitativa y el padre es eficiente, ¿Quién tiene la razón?

Acá aparece nuevamente los ejemplos espurios porque con la bandera de la equidad se puede justificar destinar un 20% de los ingresos solo para el hijo del medio o incluso el total del 30%. Y estos ejemplos son espurios cuando no se analiza el problema en su totalidad ni se estudia el problema de asignar de forma eficiente los recursos escasos en el tiempo de duración de nuestras vidas.

Me gusta este análisis de equidad y eficiencia porque los ejemplos espurios (falsos) aparecen en incontables oportunidades cuando criticamos a los políticos y gerentes pero tendemos a mirar para el lado cuando nos enfrentamos a esta misma disyuntiva en decisiones cotidianas de la vida. Esto se puede poner más complejo cuando queremos estudiar la eficiencia y equidad en un análisis de largo plazo por diversas razones que describiré a continuación.

Tomaré el ejemplo de la familia con tres hijos que ahorra un 30% de los sueldos de ambos padres. ¿El lector se imagina que pasaría si el padre propone evaluar el porcentaje de ingresos a repartir a cada hijo en base a las expectativas de vida del hijo del medio? ¿Se debe repartir este30% al hijo con problemas de aprendizaje o no destinar nada debido a que estos mismos problemas podrían determinar una menor expectativa de vida? Este ejemplo fue llevado a un extremo en el gobierno nazi Alemán de Adolf Hitler quien diseño una campaña de extermino de niños con síndrome de down ya que era ineficiente para el estado porque se creía más eficiente destinar 100 marcos alemanes a un niño normal que a uno con problemas de aprendizaje.

Los políticos se enfrentan a problemas similares y tienden a dar opiniones espurias acerca de decisiones económicas similares. Hace muy poco en mi país, Chile, con un fin equitativo aumentaron los impuestos a las empresas con el fin de aumentar la gratuidad de la educación superior.

Una opinión espuria era que debían quitarle ingresos a las empresas a través de impuestos para financiar la educación superior de la población con los menores ingresos per cápita (técnicamente el menor percentil). Otra opinión espuria, pero del lado opuesto, era que no se debe aumentar los impuestos para entregar educación gratuita porque esto solo generaría el cierre de las pymes impidiendo la creación de empleo para aquellos que se titularía de la soñada educación secundaria "pública, gratuita y de calidad".

En términos generales, los gobiernos toman decisiones de equidad contrarias a la eficiencia más que todo por un acuerdo político social, muchas veces basado en supuestos espurios, más que en elementos objetivos del estudio de la escasez y la búsqueda de la eficiencia. Estas decisiones pueden expresarse en la creación de un seguro de desempleo, la entrega de viviendas sociales para las familias sin hogar, la gratuidad en enfermedades catastróficas, etc. Con esto no quiero decir que estos beneficios sean malos per se, sino que hago la invitación a evaluar las decisiones con la mayor cantidad de información y en el mayor período posible.

Creo que hasta esta parte he dado ejemplos muy serios de la equidad y la eficiencia por lo que entregaré ejemplos espurios que pueden ser cuestionables desde una perspectiva más anecdótica o moral. En el pasado se hacía trabajar a las personas privadas de libertad, ya que los presos debían pagar a la sociedad el daño que habían ocasionado, sin embargo en la actualidad y por equidad, todos nosotros financiamos a los presos para que vivan incluso mejor que personas indigentes. Creo que esta fue una decisión espuria aceptada por toda la sociedad.

Otro ejemplo de una decisión económica espuria que usa a la equidad como justificación es la de impedir la libre movilidad laboral de los trabajadores del mundo. Efectivamente, en general se acepta que podamos intercambiar bienes y servicios o que el capital mundial tenga la posibilidad de moverse donde paguen las mejores tasas de interés. Sin embargo es muy complicado cuando se habla de libertad para buscar trabajo en otro país dadas las restricciones que imponen las regulaciones locales. Esto hace que el mercado laboral informal o no regulado por la leyes laborales está mucho más globalizado que el resto del mercado del trabajo, me refiero al mercado de la prostitución y el narcotráfico.

Esto es ineficiente pero equitativo ya que le permite a hacerse millonarios a personas con niveles educativos mucho menores que los requeridos para cualquier empleo formar. ¿Pero está bien? Con el sólo ánimo de polemizar dejo en la mesa la pregunta obviamente espuria acerca de la conveniencia de legalizar la prostitución y la venta de drogas con el fin de eliminar esta equidad y aumentar la eficiencia. Recomiendo que esta última parte se lea con ironía porque entonces podría aumentar la equidad abriendo el mercado al tráfico de órganos, contratación de sicarios, etc. Como se ve no es tan simple convenir los temas en los cuales disminuir la eficiencia y mejorar la equidad.

Respecto de los gobiernos un tema de equidad que tiende a ser más aceptado por la sociedad es el seguro de desempleo. En este caso aumenta el costo a la empresa poderosa que paga el seguro y se le entrega al trabajador débil que es despedido, siendo una política muy equitativa. Ahora bien, si pongo estreso este análisis llevándolo a una situación extrema se puede observar que en los países europeos donde el seguro de desempleo cubre 6 meses determina que las personas no trabajen hasta el séptimo mes. El análisis espurio concluiría que sería mejor no tener seguros de desempleo.

En caso que se definiera que el seguro de desempleo lo pague el estado igual termina cobrándolo a las empresas a través de la recaudación de impuestos, así que nada es gratis siempre existe la eficiencia porque los recursos son escasos. A pesar de lo anterior, supongamos que evaluamos solo al estado como financiador del seguro de desempleo. En ese caso podría aparecer otro grupo social que nos diga que solo se debe financiar el desempleo del adulto mayor porque ayudaría a mitigar el problema del envejecimiento poblacional ante lo cual otro grupo se opondrá justificando apoyar el desempleo juvenil, ya que los jóvenes son el futuro del país. Nuevamente aparece la escasez y las opiniones espurias apoyarán al adulto mayor o a los jóvenes según sea la conveniencia contando siempre con el apoyo de las redes sociales para instalar una idea de sentido común en la población.

# Componentes de la Economía Espuria

Componentes de la Economía

Para intentar no dar opiniones espurias de economía se debe comenzar separando las tres partes en que se descompone la economía. (1) Economía descriptiva: Donde se levantan todos los factores que explican un problema de escasez de recursos, (2) Teoría económica o análisis económico: Acá se utiliza la teoría de sistemas para analizar las causas de la escasez de recursos, los efectos al resolver un problema de este tipo así como una visión global o sistémica del problema de escasez en particular, y (3) Política económica: Establece las acciones que se pueden ejercer en base a la teoría económica vigente, para lograr la mejora en el bienestar social.

Este libro trata de la economía para todos, por lo que solo me concentraré en la segunda parte, la teoría económica. Al ir analizando el funcionamiento de la economía trataré de explicar en forma muy simplificada y abstracta la articulación de los componentes de la economía. Y para hacerlo muy espurio iré mostrando contraposiciones a estas teorías, las que tiende a ser promovidas a través de las redes sociales por parte de los encargados de políticas económicas de las diversas corrientes ideológicas de izquierda, centro o derecha. Ideas que obviamente son contrapuestas por lo que se usa todo tipo de estrategias para convencer a las masas con ejemplos espurios de economía que puedan sustentar sus campañas políticas.

## Teoría de sistemas

Según nuestra página amiga wikipedia, la teoría general de sistemas (TGS) [3] estudia los principios aplicables a los sistemas en cualquier nivel en todos los campos de la investigación. Un sistema se define como una entidad con límites y con partes interrelacionadas e interdependientes cuya suma es mayor a la suma de sus partes. El cambio de una parte del sistema afecta a las demás y, con esto, al sistema completo, generando patrones predecibles de comportamiento. El crecimiento positivo y la

---

[3] https://es.wikipedia.org/wiki/Teoría_de_sistemas

adaptación de un sistema dependen de cómo de bien se ajuste éste a su entorno. Además, a menudo los sistemas existen para cumplir un propósito común (una función) que también contribuye al mantenimiento del sistema y a evitar sus fallos.

En palabras más fáciles de digerir, la economía se estudia como un sistema que tiene un objetivo. Y para lograr este objetivo tiene recursos que toma de su entorno, los transforma entregando un bien o servicio (recurso con valor agregado) a un supra sistema externo. Al salir este bien o servicio al sistema externo es comprado por el mercado o no, por lo que se obtiene una retroalimentación que permite modificar los recursos de entrada o la transformación interna del sistema económico. Para resumirlo lo explicaré con peras y manzanas espurias. A continuación pasaré a explicar en varios pasos que la economía se analiza como un sistema que decide vender peras, tiene entradas al comprar recursos para hacer las peras, las transforma a través de un sistema productivo logrando una salida que es la venta de peras. En caso que resulten mal las ventas podría pasar a vender manzanas.

| SISTEMA QUE PRODUCE FRUTAS | | | |
|---|---|---|---|
| **ENTRADA** | **TRANSFORMACIÓN** | **SALIDA** | |
| Comprar recursos | Producción | Vender productos | |
| (Paso1) 1er Análisis  *Semillas de pera Agua Tiempo Terreno | (Paso 2) Armar vivero Sembrar Cosechar Embalar cajas | (Paso 3) Peras  2do Análisis de ventas de peras | ↓ |
| (Paso 4)  ←1era RETROALIMENTACIÓN ←  Si tenemos malas ventas de peras  Debemos vender manzanas | | | |
| ↓ | (Paso 5) 3er Análisis *Semillas de Manzana | (Paso 6) Repito producción | (Paso 7) → Manzanas |
| (Paso 8)  ←2da RETROALIMENTACIÓN ←  Tienen muy buenas ventas de manzanas!  Pero suben los costos de sueldo. | | | ↓ |

Ahora detallaré la teoría de sistemas aplicado un proceso económico de frutas paso a paso:

- Paso 1: En la etapa de ENTRADA al sistema dos personas hacen un análisis para determinar cuál es el mejor negocios de frutas, concluyendo que es más rentable producir y vender peras. Por lo que compran semillas de pera, contratan un servicio de agua y destinan tiempo a sembrar en un terreno que han arrendado.

- Paso 2: En la etapa de TRANSFORMACIÓN del sistema estas dos personas deciden especializarse porque las capacidades de cada uno son diferentes y escasas. Adam Smith[4] tiene el capital inicial y será el cerebro pensante de este proyecto y Carl Marx[5] que no tiene dinero en efectivo será el que aplique la mano de obra para ejecutar lo que decida producir Adam Smith. Quiero destacar esos sí, que a Carl Marx no le gustó la idea de Adam Smith, se sintió esclavo de su amigo Adam Smith. Entonces Carl Marx, muy a su pesar, destina todo su tiempo a armar el vivero, cosechar las peras y embalarlas en cajas.

---

[4] https://es.wikipedia.org/wiki/Adam_Smith
[5] https://es.wikipedia.org/wiki/Karl_Marx

- Paso 3: En la etapa de SALIDA del sistema Adam Smith vende las peras, se guarda el dinero, le paga el sueldo a Carl Marx y hace un análisis de rentabilidad concluyendo que no resultó tan bueno como lo planificó en el primer análisis antes de comenzar este negocio.

- Paso 4: En la etapa de RETROALIMENTACIÓN del sistema Adam Smith evalúa otras alternativas de producción y venta de frutas concluyendo que reorientará el negocio hacia las manzanas. Su ex amigo y ahora empleado Carl Marx se siente utilizado pero necesita el salario así que lo seguirá en las decisiones que haya tomado.

- Paso 5: Volvemos a comenzar el análisis de este sistema en su etapa de ENTRADA. Ahora Adam Smith compra semillas de manzanas con el dinero generado por la venta de peras anterior.

- Paso 6: Nueva TRANSFORMACIÓN del sistema. Carl Marx debe aprender a sembrar las semillas de manzanas así como el ciclo de cosechas y forma de embalaje de este nuevo producto ya que difiere bastante de la anterior producción de peras.

- Paso 7: Nueva SALIDA del sistema. Adam Smith vende las manzanas y son un éxito de ventas. Lo que ha ocurrido en un SUPRASISTEMA es que los productores competidores de Asia están en guerra lo que genera una tremenda oportunidad de ventas pero una mayor presión sobre su empleado Carl Marx. Este último tiene que trabajar el doble de tiempo para vender el triple de manzanas que le piden los nuevos compradores y al final tiene un accidente laboral por falta de sueño. Carl Marx llama a Adam Smith exigiéndole un mayor salario del 50% de las ventas. Porque él es quien realmente puso casi todo el esfuerzo para lograr este éxito de ventas.

- Paso 8: Nueva RETROALIMENTACIÓN. Adam Smith se ha hecho millonario con las ventas, pero no quiere repartirle parte de su dinero a Carl Marx y además toma conciencia de que no sabe producir manzanas, por lo que está preocupado respecto a la viabilidad del negocio de manzanas.

Con este burdo ejemplo de la teoría de sistemas explicado con peras y manzanas he mostrado las componentes de entrada, transformación, salida y retroalimentación. Además he presentado a este sistema al interior de un supra sistema exterior. Pero lo que realmente nos estarán acompañado en todo el libro son las explicaciones espurias de los sistemas que se han representado con la presencia de Adam Smith y Carl Marx. Obviamente usé estos nombres porque en economía se habla del escoses Adam Smith (1.723-1.790) como el padre del capitalismo así como del judío Carl Marx (1.818-1.883) como el fundador del marxismo.

Creo que la diferencia entre Adam y Carl se basa en una concepción filosófica muy simple, lo cual nos lleva a sacar conclusiones espurias. Adam Smith formula su teoría de este sistema en base la observación de la realidad. En cambio Carl Marx formula su teoría con el fin de cambiar la realidad. Cualquier intento espurio por tratar de darle la razón a Adam o a Carl es lo que ha dividido a la sociedad en los últimos doscientos años y quizás desde mucho tiempo atrás. En este libro buscaré explicar que la teoría económica se vuelve espuria cuando, sin dejar de lado la idea de cambiar la realidad, se deja de observar el real comportamiento humano ante la escasez y la eficiencia.

Construir teorías económicas

Ahora que entendemos como construir una teoría de sistemas es necesario agregar dos pasos más para construir la teoría de un sistema económico, los supuestos iniciales y las deducciones a partir de estos supuestos.

Teoría económica = Teoría de sistemas + Supuestos iniciales + Deducciones

Y justamente en esta parte es donde aparecen más problemas espurios, ya que los supuestos iniciales así como sus consecuencias sobre la conducta humana serán determinantes para formular la teoría económica. Porque partir los supuestos del comportamiento humano o de las instituciones sociales que componen la economía así como de sus interrelaciones impedirán o potenciarán los ejemplos espurios en la economía.

Sin ir más lejos, si suponemos que el ser humano que trabaja para el estado es eminentemente malo y ladrón obviamente concluiremos que cualquier tipo de impuesto es negativo, porque será administrado por el estado. En el otro extremo si creemos que las empresas son básicamente explotadoras que le pagan inequitativamente a sus trabajadores, buscaremos formular políticas que regulen un sueldo mínimo alto con pocas horas de trabajo semanal.

Vemos que la simplicidad de la teoría económica se basa en sus supuestos e inferencias las que nos pueden hacer caer fácilmente en trampas espurias. Acá es donde le hago una invitación al lector para que deje de repetir las verdades que ve en videos de las redes sociales y se ponga a observar cómo se comportan los individuos en la práctica.

# Supuestos del análisis económico

Cuando se estudian los supuestos del análisis económico se debe comenzar con sus principales supuestos: (1) Los seres humanos son racionales en promedio. (2) Los recursos son escasos. (3) El intercambio se hace en los mercados a través del dinero.

Supuesto 1: Las personas son racionales

Este supuesto es uno de los más controversiales en la teoría económica, porque quizás hoy más que nunca se habla de la locura y depresión de la sociedad actual. Además todos hemos leído historias de la reina conocida como "Juana la loca", la que suponemos no era racional. También vemos a diario en las noticias de prensa roja que muchas personas no racionales que pierden la noción de la realidad al volverse adictos de diversas drogas como la marihuana o la cocaína.

RACIONALIDAD PROMEDIO: Y volviendo al ejemplo de Adam Smith y Carl Marx pasaría a comentar que ambos son racionales, pero esto sería una explicación espuria porque la economía estudia a los seres humanos en promedio, es decir a grupos de personas que se comportan racionalmente en promedio. La economía NO estudia a las personas una a una, ya que para eso está la psicología, la antropología y otras ciencias sociales que no son motivo de este libro.

Podríamos decir que en la teoría económica de producción de frutas, la conducta de Adam Smith y Carl Marx era racional en promedio, más no la conducta de cada uno por separado. Porque en este caso solo era emoción cuando Carl Marx le exigía el 50% de las ventas la que era confrontada con la total negación de repartir utilidades por parte de Adam Smith. Ambas conductas emocionales se vuelven racionales al promediarlas. En la era de las redes sociales, podría expresar la racionalidad de un grupo social compuesto solo por dos personas con la siguiente fórmula:

$$\text{Racionalidad promedio } \unicode{x263A} = \frac{\unicode{x263A} + \unicode{x2639}}{2}$$

CONSUMIDOR Y PRODUCTOR EN PARALELO: Ahora bien, la racionalidad promedio supone también que las personas participan en la economía en su rol de consumidores y productores de forma paralela, lo que se hubiese encontrado en el caso anterior si es que Carl Marx le hubiese comprado una manzana a Adam Smith.

RACIONALIDAD OBSERVABLE: La racionalidad también supone que esta racionalidad se puede observar, es decir, si Carl Marx compró una manzana es porque realmente tenía muchas ganas de comérsela en vez de suponer que este último deseaba una pera en secreto. También podría suponerse de forma espuria que Adam Smith lo convenció para que se comprase esta pera, pero que Carl Marx realmente no la quería.

GUSTOS CONSTANTES: Otra propiedad de la racionalidad promedio es que los gustos de los consumidores permanecen constantes, pudiendo cambiar de forma poco frecuente. De esta forma sería extraño que Carl Marx que siempre compra manzanas a la empresa donde el mismo trabaja deje de consumirlas porque de un día para otro empezó a tener una ganas incontrolables por comer peras, aunque ya no las produzcan.

## MÁXIMO VALOR DEL DINERO (LUCRO)

- Para el consumidor: Sigo agregando propiedades a la racionalidad promedio y es que los consumidores siempre buscarán obtener el máximo valor de su dinero y no comprarán bienes o servicios que no quieran realmente. Por este motivo es que se da por hecho que Carl Marx destinó parte de su sueldo para comprar manzanas a Adam Smith dado que eran las de mejor calidad para el mismo precio que cobran en el mercado de las manzanas. En caso que hubiese visto la venta de manzanas de igual calidad a un menor precio en otra parte, las hubiese comprado en ese otro lugar. Y en caso que Carl Marx no quisiera comer manzanas, simplemente no las compraría.

- Para el productor: En paralelo al ejemplo anterior, el empresario Adam Smith siempre buscará obtener la mayor cantidad de dinero de su negocio de peras y manzanas.

Esta condición de que el consumidor Carl Marx buscará lograr la mayor satisfacción al gastar su dinero y que el emprendedor Adam Smith intentará sacar el máximo beneficio es conocido con el título de "Racionalidad Económica" apelando al principio anterior de que los seres humanos en promedio se comportan racionalmente.

Como se ve tanto el consumidor como el productor siempre buscarán el lucro, es decir, sacar el máximo valor al dinero. Ahora bien, en una época donde las redes sociales intentan instalar verdades espurias de la economía nos han llegado a convencer de que el "lucro" es malo cuando es obtenido por el productor y bueno cuando es obtenido por el consumidor.

La fortaleza de la economía espuria es que puede convencer a la población porque apela constantemente a los valores humanos tratando siempre de partir con el "cómo debería ser el comportamiento humano ante la escasez" en vez del "Cómo es el comportamiento humano ante la escasez". Más bien lo correcto sería responder la segunda pregunta para luego a través de un acuerdo pasar a responder la primera.

Ahora que trato de alejarme de la economía espuria diré que el comportamiento humano es racional en promedio ante la escasez. Por este motivo los consumidores y productores buscan el lucro. Por eso no deberíamos caer en el juego de las redes sociales cuando se repita el juicio de valor respecto a que los productores son "malos" porque buscan sacarle el máximo rendimiento a su dinero, eso no es malo es racionalidad económica. Creo que esta desconfianza de las redes sociales puede tener un paralelo cuando tratan de "loco" a un consumidor que regala su dinero a los más desposeídos, porque supondrían que eso también es "Malo".

Este libro trata de teoría económica por eso describe el comportamiento humano ante la escasez, llamadas teorías económicas a secas. Será tarea de la política económica la que estudie las mejores prácticas para que el lucro sea equitativo tanto en el comportamiento del consumidor o del productor. Tomando el ejemplo de las peras y las manzanas podría suponer decir que el comportamiento de Carl Marx y Adam Smith es racional pero no bueno ni malo. En caso que se estudiase la política económica podríamos estudiar cómo lograr el máximo bienestar de ambos partícipes de la economía, esta parte aparecen las ideas de establecer un sueldo mínimo, impuestos a las empresas, etc.

Siguiendo con los ejemplos espurios quiero resaltar la facilidad con que se puede dividir a la sociedad al analizar un solo punto de vista, porque sería muy fácil decir que el 50% de las ventas de Adam Smith deberían destinarse al sueldo de Carl Marx. Sin embargo la economía estudia el bienestar global y como el lector podrá recordar Carl Marx no solo es trabajador sino también es consumidor.

Como no me quiero adelantar a temas de capítulos posteriores solo puedo decir que la teoría económica dice que el precio de venta está determinado por los costos de producción, entre ellos el sueldo. Por lo que subir el sueldo de Carl Marx será proporcional a la subida de precios de las peras. Cuando los precios suben la cantidad vendida baja por lo que tendría un efecto boomerang al sueldo que le pagan a Carl. Esto demuestra mi tesis de que la economía espuria nos confunde porque siempre se basa en un solo punto de vista, la del consumidor o del productor. Peor aún es cuando se hace un análisis económico espurio donde no se analicen los datos para objetivar el análisis porque efectivamente con marketing podría ocurrir que a pesar de subir el precio de las peras aumente la cantidad vendida.

Supuesto 2: Los recursos son escasos

Este supuesto de las teorías económicas se refieren al mundo material para separarlo claramente del mental o el espiritual. Aunque parezca extraño la economía espuria aparece cuando un político cree que no importa disminuir el bienestar material de las personas si es que estos últimos siente el amor de su líder que dirige el gobierno. Y no es broma mi ejemplo, lo pueden escuchar en los gobiernos de Corea del Norte y Venezuela cuando racionalizan el consumo básico apelando al apoyo que necesite su líder máximo quien dirige desde el palacio presidencial.

Puede que el mundo no tenga escasez de amor o sueños de hacer un mundo mejor, pero si realmente lo queremos lograr será una condición básica que asumamos que los recursos materiales son escasos y por lo tanto debemos asignarlos eficientemente para lograr tan nobles objetivos. Porque si queremos mejorar la educación de nuestro país al hacerla gratuita tenemos que inevitablemente estudiar de que sector económico quitaremos recursos para reorientarlos a estos fines educativos.

En el mundo físico fácilmente se puede observar la escasez de recursos económicos sean estos biológicos, geográficos, ecológicos, etc. Pero el supuesto de escasez tiene como objetivo nunca olvidar que la teoría económica no puede responder a algo físicamente imposible. Una teoría económica espuria sería suponer implícitamente Adam Smith puede hacer crecer la producción de peras y manzanas sin pensar en que Carl Marx solo tiene una cantidad de horas en su trabajo, como se ve, el tiempo de trabajo es un recurso escaso. Por lo anterior materialmente se puede lograr mayor producción sujeto a la escasez de las horas hombre contratadas.

La escasez de recursos no solo se origina porque su producción es limitada o la cantidad de la que disponemos está fijada de alguna forma. También se genera escasez porque estos recursos se pueden destinar a una cantidad limitada de personas. Este problema de la escasez de recursos que da origen a las ciencias económicas está en todas partes comenzando desde el tiempo que le deben dedicar los padres a los hijos hasta el porcentaje de la factura que se da en una propina. Esta cotidianeidad de las ciencias económicas le dan la oportunidad de apoyar en casi todos los ámbitos del progreso humano pero también la exponen a evaluaciones rápidas que generan la que he llamado "Economía Espuria".

Supuesto 3: Intercambio en mercados a través del dinero

Este supuesto busca delimitar a las ciencias económicas haciendo el supuesto de la existencia de un mercado donde se intercambian bienes y servicios utilizando al dinero como medio de intercambio. Detrás de este supuesto se encuentra una serie de condiciones no escritas como: Existen instituciones políticas, sociales y económicas que generan las condiciones para la existencia de los mercados. En estos mercados no se realiza trueque, es decir, el intercambio de un bien o servicio por otro.

La teoría económica hace este supuesto de la existencia de mercados que transan en dinero para no caer en la trampa de la economía espuria. Porque supone que existe un gobierno del país el cual permite que las personas comercien con dinero porque muchas veces se pueden ver videos en las redes sociales promoviendo las virtudes del trueque. Y nuevamente no me adelantaré al estudio económico del trueque, pero aunque sea promovido como algo "bueno" podría comentar que es una de las formas más ineficientes de intercambio y que por este motivo fue dejado de lado por la gran mayoría de las economías del mundo.

Espuriamente podrían decir que recomiendo al dinero porque es "bueno" lo cual no es así, no se trata de separar las formas de intercambio entre "buenas o "malas" sino más bien evaluar cuál de ellas es la más eficiente en un mundo donde el tiempo de intercambio es cada vez más escaso.

Respecto de los gobiernos también se puede suponer que las personas y empresas están reguladas y por lo tanto los consumidores reciben sus sueldos en dinero así como los productores reciben ingresos en dinero por la venta de sus bienes y servicios.

En este mundo de mercados interactuando constantemente no se incluye la medición del mercado negro donde se realizan las transacciones de lavado de dinero, prostitución, asaltos, venta de órganos y tantas otras lacras sociales que han acompañado la evolución de las sociedades pero siempre al margen de la ley y por lo tanto de mediciones que nos puedan dar algunas señales de su comportamiento económico.

Además quiero destacar el uso del mercado como institución económica donde se intercambian bienes y servicios. El mercado es un lugar físico o digital donde se hacen las transacciones. En el ejemplo anterior podríamos suponer que el mercado de las frutas podría ser una feria libre o una página web de comercio electrónico internacional. Lo importante es que en este lugar se organizan compradores y vendedores en torno a un bien o servicios para fijar el precio de compra venta.

Nuevamente la economía espuria se presenta cuando es promovida a través de las redes sociales la conveniencia de dejar de intercambiar los bienes y servicios en mercados locales, internacionales, físicos o digitales. Cada cierto tiempo nacen sectas que proponen la autarquía o producción para el autoconsumo o incluso grupos políticos que hablan de las ventajas de cerrar las fronteras comerciales. En este apartado no daré las razones económicas del libre mercado, solo le pediré al lector que recuerde que esta ciencia económica evalúa las decisiones como un sistema. Es decir, cuando se propone cerrar un mercado se debe evaluar el efecto de los recursos que ingresan al intercambio, el trabajo que genera y finalmente el efecto en la producción final.

# Pilares de la economía espuria

Debido a que en los sistemas económicos existe una infinidad de interrelaciones es muy fácil confundir las causas de un comportamiento económico. Por otro lado se tiende a despreciar las consecuencias de una decisión económica-

Este desprecio sobre las consecuencias se nota cuando escuchamos a diario juicios de valor que recomiendan cambios en las políticas económicas de los gobiernos o las empresas, reacción natural al escuchar una noticia de algún abuso sobre los consumidores. En el otro extremo también podemos escuchar juicios de valor gerenciales respecto a la poca preparación y mala disposición de los trabajadores cuando se les solicita que cambien su forma de trabajo o hagan propuestas constructivas a los procedimientos de producción.

Creo que este análisis unilateral de los consumidores o productores son la base de la economía espuria o falaz y pasaré a dar algunos de los ejemplos más habituales que se promueven en las redes sociales:

Pilar 1: Causa, efecto o correlación

El primer pilar de la economía espuria se sustenta en que las redes sociales tienden a realizar al menos dos análisis espurios temporales. El primero es suponer que una actividad ocurrió antes que otra y por lo tanto es la causante de la segunda. El segundo error temporal es comprobar que un hecho ocurrió antes que otro y por lo tanto es causante del segundo.

Cuando se supone que un hecho ocurrió antes que otro y por lo tanto es el causante debemos tener mucho cuidado en comprobarlo. Por ejemplo, en la ciudad de nueva york durante principios de este siglo se aplicaron políticas que encarecían el costo de hacer actos delictivos con la consiga de "Tolerancia Cero". Esta política de "Tolerancia cero" supuestamente fue la causante de que bajaran casi todos los delitos en la ciudad por lo que parecía ser una idea a copiar por parte de gobiernos en diferentes partes del mundo, como se ve una causa y un efecto claro. Sin embargo en los últimos años economistas de la escuela de Chicago en Estados Unidos de América ha concluido que la causa de la disminución en los actos delictivos fue la aprobación de abortos gratuitos por parte del estado para la población de más bajos recursos[6]. Con esto no quiero afirmar que el aborto es la solución para eliminar la delincuencia, solo quiero poner en la discusión el hecho de que existen mucho más variables causas a un hecho económico y por lo tanto no debemos creer inmediatamente todo lo que vemos y escuchamos en las redes sociales.

Como se ve en economía espuria se puede también suponer que un evento ocurrió antes que otro y por lo tanto el primero es la causa del segundo. Por ejemplo, podríamos encontrarnos con noticias en las redes sociales que culpan del alto desempleo al ingreso de una gran cantidad de inmigrantes. Sin embargo, al evaluar los datos estadísticos podríamos encontrarnos con el desempleo había aumentado antes afectando principalmente a las personas con menor nivel educacional ya que los inmigrantes

---

[6] Dubner, S., & Levitt, S. (2009). Freakonomics

tienen niveles educativos mayores afectando los cargos con mayor remuneración y por lo tanto con efectos muy bajos en el desempleo total. Lo que se ha observado entonces es una correlación positiva (que se muevan dos cosas a la vez) pero no una causalidad.

Al analizar los párrafos anteriores quiero insistir en que un pilar de la economía espuria es jugar con la temporalidad confundiéndonos respecto a la causa y el efecto de los hechos económicos. Debemos tener mucho cuidado en descubrir las causas de la escasez, las que pueden aplicar a la conducta delictual e incluso al desempleo.

Pilar 2: Mantener lo demás constante

El segundo pilar que ocupan las redes sociales para promover la economía espuria es evaluar los hechos económicos moviendo varias causas a la vez. Lo que se recomienda para evitar este tipo de análisis espurios es analizar las variables causa de una en una para ir viendo el efecto en la variable que se analiza.

Por ejemplo, si escuchamos que los salarios medios han bajado justo cuando pensábamos pedir un aumento en nuestra empresa, debemos primero evaluar cuáles son las causas económicas que determinan el valor de los salarios. En economía se supone que las causas del salario dependen de tres factores. El primero es el nivel esperado de la inflación, el segundo es la tasa de desempleo y el tercero es una agrupación de variables que incluyen la calificación y experiencia de los trabajadores para el puesto.

| Salario | Función de | Calificación y experiencia Tasa de desempleo Inflación esperada |
|---------|------------|-----------------------------------------------------------------|

Utilizando la fórmula anterior, si queremos pedir aumento de sueldo en el sector donde trabajamos, educacional por ejemplo, y pensamos que tenemos una calificación y experiencia sobresaliente no significa que me darán el ascenso. Esto se debe a que debemos analizar las causas de una en una. Debemos evaluar luego si es que en el sector educativo existe pleno empleo y por lo tanto no existe una fila de buenos trabajadores haciendo fila en las puertas de la empresa esperando para ocupar mi puesto, en cuyo caso no nos darán el aumento por muy buen rendimiento que tenga. El tercer factor que debemos evaluar finalmente será averiguar si es que en este sector educacional están subiendo las remuneraciones promedio, como medida de la inflación esperada de este sector, porque podría darse que los salarios medios del sector educativo están subiendo porque han aumentado los puestos debido a una política local que disminuyó la cantidad permitida de alumnos por clase.

Para darle un aire de esperanza al lector que quiera pedir un aumento de sueldo y que se encuentre en el caso anterior, le recomiendo que solicitar su aumento ubicándose en un mercado laboral más específico como el de líderes educacionales. Es decir, buscar trabajo como líder educacional donde paguen un salario superior al que le pagan en la actualidad. En este caso mercado podría haber menos personas con la calificación y experiencia adecuada, la tasa de desempleo entre líderes educativos es baja aunque el aumento esperado de sueldos es bajo (inflación esperada). De esta forma podrá obtener su aumento si busca cambiarse a un cargo de responsabilidad o se cambia a otro lugar en un cargo de líder lisa y llanamente.

Como se ve de este pilar de la economía es basarse en la racionalidad subyacente, sin caer en juicios de valor que son tan promovidos en las redes sociales. Las organizaciones productivas no subirán el sueldo si es que no se cumple alguna de las variables descritas en la fórmula anterior como un cambio en la calificación y experiencia de los trabajadores, la tasa de desempleo o la inflación esperada de los sueldos.

Por lo anterior las empresas no subirán las remuneraciones porque sean malvadas o exista una conspiración internacional para dominar el mundo a través de un nuevo tipo de esclavitud disimulado bajo sueldos bajos. Debemos dejar de creer las opiniones fáciles que dan los pseudo expertos en economía quienes con el ánimo de lograr más votos o un mayor rating nos ofrecen beneficios salariales obtenidos por arte de magia y por fuera de la racionalidad de la administración de recursos escasos. Por este motivo es que gran parte de los economistas coinciden en los beneficios de una educación de calidad universal porque está demostrada que esta tendrá un efecto en los salarios, sino vuelva a mirar la fórmula anterior.

Volviendo al tema que nos convoca, he tratado de centrar esta parte en la gran conclusión de que: para examinar adecuadamente la probabilidad de que nos suban el sueldo o incluso de que suban los sueldos de todo el país en el sector educativo debemos mantener constante todas las variables, excepto la que se analiza. A esto se le llama "ceteris paribus" lo que significa en latín evaluar las variables económicas manteniendo "Todo lo demás constante".

Pilar 3: Un ejemplo para generalizarlo todo

El tercer pilar de la economía espuria es intentar usar un ejemplo para generalizar la totalidad del comportamiento económico. En apartados anteriores describí que las ciencias económicas usan la teoría de sistemas para evaluar el impacto de alguna decisión. Cabe destacar que un sistema económico está inserto dentro de otro supra sistema el que a su vez está inserto dentro de uno más grande aún. Dado esta teoría de sistemas no podríamos inferir que un cambio dentro de un sistema no tendría por qué suponerse el mismo efecto a nivel global por transitividad.

Tomando el ejemplo anterior de la persona que buscaba un aumento de sueldo podría ser que el trabajador averigüe que a la mayoría de sus compañeros de generación les han subido el sueldo, pero esto no es argumento si la mayoría trabaja en el sector educativo privado en cambio nuestro educador trabaja en el sector educativo estatal. Como se ve, aunque el sistema educativo estuviese separado entre privado y estatal no implica que lo que ocurre en una parte del sistema se trasladará al otro. Por eso en la economía espuria se usa un ejemplo para generalizar todo, lo que nos puede generar falsas expectativas y por lo tanto una desconfianza hacia la economía. Siendo que el problema real es que nos creamos todo!

Otra forma de analizar la falacia de que los ejemplos pueden generalizase en el sistema completo es cuando se evalúa el caso de la producción de frutas. En ese caso se presentó que para Adam Smith producir manzanas en vez de peras había sido un éxito de ventas. Supongamos que Carl Marx deja la empresa con esta información y lanza un emprendimiento copiando la producción de manzanas de su empresa de origen. Lo que podría ocurrir es que ahora el mercado tendría dos fábricas de manzanas, por los compradores externos bajarían el precio de mercado haciendo que al final ambos productores bajen su bienestar. De esto se concluye que el análisis de una parte del sistema no tiene porqué ser replicable al otro, de hecho se observa que el aumento de competencia generó un menor bienestar a los productores. Cabe destacar que no quise presentar mi análisis del bienestar de los consumidores producto de esta mayor competencia en el mercado de manzanas lo que nos permitiría tener una visión del bienestar total de la economía, lo que se podría evaluar en otro libro.

Pilar 4: Los supuestos tiene un rol clave

El cuarto pilar de la economía espuria es emitir juicios de valor sin dejar claro cuáles son los supuestos que tenemos respecto del comportamiento humano ante la escasez. Tal como se ha visto hasta ahora en los ejemplo expuestos, podremos entender la economía en su totalidad si partimos con el ejemplo de una sola empresa como la de frutas para luego ir expandiendo este análisis hacia la economía en su totalidad.

Si entendemos cómo funciona la competencia entre empresas así como su efecto en los precios podremos gradualmente entender como esta afectará a la sociedad como un todo. Sin embargo tendemos a opinar sin información y esto empeora cuando está frente a nosotros un activista de la economía espuria. Me refiero a aquella persona que siempre está opinando acerca de políticas económicas en las redes sociales a pesar de ser un "analfabeto económico digital".

Muchas veces estos analfabetos económicos digitales recomiendan aplicar políticas públicas con supuestos que se dejan entrever pero que no son declarados tan abiertamente. Por ejemplo, si uno de estos activistas cree que el ser humano con capital es eminentemente malo siempre hará propuestas que aumenten los impuestos a las empresas. En el otro extremo, un activista que crea que la gente es eminentemente floja siempre recomendará que se hagan políticas de inversión que reemplacen la mano de obra sin hacer propuestas de reciclaje laboral. Cuando hablo de reciclaje laboral me refiero a políticas que permitan que las personas adquieran competencias o experiencia en industrias diferentes a las que están amenazadas por un cambio tecnológico o político y que les podrían permitir sortear de alguna manera una potencial desvinculación.

Otro error de la economía espuria es evitar hacer supuestos respecto a los efectos de una política de corto plazo en el largo plazo de la economía. Esto se ha observado en muchas decisiones de la historia económica, pero un ejemplo más familiar sería hablar con padres de una familia típica. En este caso particular les podríamos recomendar a los padres que ahorren el 50% del gasto mensual en cigarros y alcohol para pagarle la educación superior a sus hijos en el largo plazo. Quizás el lector se esté riendo en este momento por la naturaleza de este ejemplo, pero lo invito a que lo intente ya que se sorprenderá al descubrir que la mayoría de las personas ni siquiera han calculado cuánto gastan en cigarros y alcohol al mes. Pero si hablamos con estos mismos padres respecto a las políticas públicas de gratuidad en la educación, ellos no tendrán ninguna duda en decir que es responsabilidad del estado la de financiar la educación total se sus hijos.

El ejemplo anterior es una demostración de que una familia puede tomar la decisión de corto plazo de un gasto familiar que incluya cigarros y alcohol más no educación. El efecto en el largo plazo sobre la educación de sus hijos dependerá exclusivamente del gasto estatal destinado a estos fines. Esto demuestra que la economía espuria tiende a justificarse en que las personas no hacemos análisis económico de nuestras decisiones incluso si así estemos hipotecando el futuro de nuestros propios hijos.

Aunque no es motivo de este capítulo quiero dar un atisbo de la definición de largo plazo en economía. Largo plazo en economía se refiere a un futuro hipotético donde no existen costos fijos. Este futuro nos permite imaginarnos las decisiones que tomaríamos si todos los costos en que debemos incurrir son variables y por lo tanto tenemos más libertad para decidir donde destinar nuestros recursos. Largo plazo económico no es el largo plazo contable que se calcula en un período superior a un año. Tampoco se refiere a un largo plazo de 10 años que generalmente usan los historiadores. Y aprovechando el ejemplo del párrafo anterior, el largo plazo de la familia sería preguntarse si es que los padres destinarían algo de sus recursos para ahorrar en educación en el caso de que estuvieran liberados de los costos fijos familiares como el arriendo, las cuotas de créditos de consumo o los gastos fijos de alimentación y transporte al trabajo.

Pilar 5: Economía positiva o normativa

Tal como lo he comentado en apartados anteriores un pilar de la economía espuria es enfrentar las opiniones de las personas sin antes aclarar cuál de ellas se basa en el comportamiento observable de las personas (positivo) y cual opina respecto de cuál debiese ser el comportamiento adecuado (normativo). Esta pequeña diferencia trae consigo muchos problemas porque impide encontrar puntos de consenso dado que el idioma de origen es diferente, sin saber siquiera si es que existen diferencias reales en los puntos de vista de cada uno.

Para demostrar la diferencia entre ambas alternativas usaré como ejemplo a dos personas opinando respecto a la legislación que aumenta el porcentaje de trabajadores de nacionalidad extranjera contratados por empresa. Las dos afirmaciones que podríamos escuchar son las siguientes:

La señora libertad dice que esta legislación provocará desempleo y además un menor nivel de salarios promedio. En la vereda del frente, el señor Chovinismo[7] dice que el gobierno debería hacer lo contrario y disminuir el porcentaje de extranjeros a contratar por empresa.

Antes de apresurarnos a pensar respecto a lo bueno o malo de esta legislación quisiera invitar al lector a detenerse a observar que la señora libertad hace una afirmación respecto al funcionamiento de la economía ante la escasez. Efectivamente, si aumenta la cantidad de personas buscando empleo dejando constante las ofertas laborales habrá menos escasez de trabajadores haciendo bajar los salarios. Como se ve hablo de un aumento exógeno de personas buscando trabajo sin siquiera evaluar que son nacionales o extranjeros. En cambio el señor Chovinismo da su opinión respecto la forma

---

[7] Chovinismo: es la creencia narcisista de que lo propio del país o región al que uno pertenece es mejor o superior en cualquier aspecto, denigrando al resto. Ver: https://es.wikipedia.org/wiki/Chovinismo

en que le gustaría cambiar el mundo de acuerdo a sus intereses particulares.

Como se ha visto en el ejemplo anterior, las afirmaciones del mundo son de dos tipos. Una de ellas es descriptiva a la cual se le conoce como positiva. Las otras que inundan las redes sociales contaminándolas de economía espuria son prescriptivas o normativas, porque se refieren al forma en que las personas creen que debiese ser el mundo.

Esta diferencia en el punto de vista de la opinión es clave para saber si estamos ante la ciencia económica o la economía espuria que tanto confunde a la población actual debido en gran medida a lo que le he querido llamarle "analfabetismo económico digital". Estas personas sin conocimiento de economía expresan su opinión en las redes sociales y lo que es peor influyen en las elecciones decidiendo al final quien nos gobierna. Acá presento un cuadro con las diferencias.

| Economía Positiva | Economía Normativa |
|---|---|
| Descriptiva | Prescriptiva |
| ¿Cómo es el mundo? | ¿Cómo debería ser el |

| | mundo? |
|---|---|
| Generalmente dominado por científicos o personas que buscan la verdad. | Generalmente dominado por economía espuria o analfabetos económicos digitales. |
| Ej. Señora Libertad | Ej. Señor Chovinismo |

Con el fin abrir las perspectivas podría decir que si la señora libertad y el señor Chovinismo reconocen los puntos de vista positivo y normativo respectivamente podrían encontrar un punto de vista común y tomar una decisión respecto a la aprobación o rechazo de esta medida de aumentar el porcentaje de extranjeros contratados por empresa. Incluso a simple vista podríamos creer que ambos llegarán al acuerdo de rechazar esta medida, pero este sería el caso en que se evalúe los efectos de la medida a corto plazo, lo que explicaré un poco más adelante.

Pilar 6: Evidencia empírica para reconocer la economía positiva o normativa

La forma más adecuada para reconocer si es que estamos frente a una afirmación de la economía positiva o de la normativa será evaluar la forma en que se juzga la validez de la afirmación de la señora Libertad o del señor

Chovinismo. Porque la forma de evaluar la economía positiva siempre será la evidencia empírica o datos históricos de la misma política en otro país o sino de situaciones similares. En cambio la economía normativa se basa más bien en el poder que tiene el grupo que promueve una idea.

La señora Libertad emitió su opinión respecto al desempleo y menor nivel de sueldos generado por una mayor contratación de extranjeros basándose en la evidencia de corto plazo, pero a continuación observó que los países que habían vivido una situación similar con empleo de inmigrantes habían generado nuevos puestos laborales teniendo un aumento en el salario en el largo plazo por lo que está encantada con la idea. Como se ve, ahora la señora Libertad ha accedido a más evidencia empírica lo que la lleva a estar en desacuerdo con el señor Chovinismo.

En cambio el señor Chovinismo solo presiona por no solo no permitir el aumento porcentual de extranjeros contratados sino que incluso busca disminuirlo y en el extremo prohibirlo si es que pudiese. El sustento de este señor no se basa en la evidencia empírica porque no es una cuestión de ciencia sino más bien en las ideas que pueda tener sobre la ética, la política, religión o incluso en el equipo de fútbol que más le guste!

Obviamente el mundo no está separado en blanco o negro y además las afirmaciones normativas podrían ser hipótesis que buscará evaluar la economía positiva por lo que siempre estarán relacionadas. Así las cosas, si es que las redes sociales están inundadas de opiniones espurias de opiniones normativas será muy probable que algún economista positivo estudie la propuesta de disminuir el porcentaje de extranjeros contratados para llegar a una conclusión basado en la evidencia empírica. El problema surge cuando la conclusión positiva recomienda permitir mayor cantidad de extranjeros contratados cuando la afirmación normativa buscaba lo contrario.

¿La economía positiva es inhumana?

Las razones de contraponer la economía positiva a la normativa desde donde nace la economía espuria nace en la filosofía positivista[8]. La filosofía positiva es un

---

[8] https://es.wikipedia.org/wiki/Positivismo

pensamiento científico que afirma que el conocimiento auténtico es el conocimiento científico y que tal conocimiento solamente puede surgir de la afirmación de las hipótesis a través del método científico. Como se ve la economía nace de la ciencia porque así se puede evitar caer en el juego de asignarle una perspectiva ética a las decisiones económicas, las que pueden ser calificadas de "buenas" o "malas".

Pero este cara y sello de la ética generalmente corresponde a un acuerdo social más que a una conclusión científica. Y nuevamente aparece la economía espuria porque no tendrá ninguna duda en atacar la economía positiva tildándola de "cruel" o "fría", es decir, inevitablemente volverá a la categorización de "mala".

Ejemplo, Si una empresa busca ganar utilidades será calificada de cruel e inhumana pero si un trabajador quiere que le vendan productos al mínimo precio será evaluada como una actitud justa. Como había comentado en párrafos anteriores esta perspectiva ética de bueno y malo tiene un trasfondo político más que científico. Y lamentablemente nos podría llevar a que la perspectiva del grupo con más poder termine imponiéndola forma de optimizar los recursos en vez de decidir la forma en que asignarlos. Para no parecer que estoy divagando, creo que lo mejor es que la economía positiva busque asignar los recursos basándose en la ciencia pero cuando tengamos que asignarlos equitativamente aparezca la economía normativa o espuria.

¿La economía positiva es cambiante?

La economía positiva nos puede ayudar a mitigar los juicios de valor de la economía espuria, pero no es una garantía que pueda ser sostenida en el largo plazo porque el mismo método científico va evolucionando en la medida que va obteniendo más información a partir de diversos ensayos y error en su búsqueda de la verdad. Sin embargo creo que este "defecto" siempre será mucho mejor que las limitantes de la economía normativa o espuria que nos imponen puntos de vista ante cualquier fenómeno de escasez.

Por ejemplo, en el pasado se creía que todas las tierras debían ser del rey y luego se creía que todas las empresas debían ser del estado.

Sin embargo en la actualidad existe un relativo consenso con que las economías deben ser mixtas con una composición del estado y otra del mercado libre. Este cambio a través del tiempo se ha debido a diferentes cambios en las necesidades de la sociedad así como nuevas formas de entender el comportamiento humano ante la escasez.

Desde mi perspectiva el problema se ha dado cuando las ideologías han impuesto un punto de vista a toda la sociedad impidiendo que la ciencia guíe las decisiones. Creo que un buen ejemplo de economía espuria actual es la de privatizar el ejército de cada país. Aunque en Latinoamérica no se ha notado, en los países desarrollados el ejército ha ido pasando gradualmente desde el estado hacia el libre mercado y dudo mucho de que las externalidades de estas decisiones se hayan medido suficientemente como para justificarlas con la economía positiva. Pero debe ser muy difícil impedir esta privatización cuando quienes se ganan los contratos son familiares o socios de los mismos políticos que subcontratan el servicio de la defensa de la soberanía nacional.

**Una externalidad[9] corresponde a los beneficios o costos de producir un bien o servicio pero que no se reflejan en su precio de mercado.**

Otro ejemplo más familiar sería decir que durante años la economía espuria ha justificado de que el hombre debe trabajar en el mercado laboral y la mujer debe hacerse cargo del cuidado y educación de los hijos. Tengo serias dudas de que exista evidencia empírica respecto a esta diferencia y si no fuera por los actuales movimientos feministas sería casi imposible justificar el estatus quo que impedía a la mayoría de las mujeres ingresar a la educación superior y menos al mundo laboral. La economía espuria nunca calculo la externalidad de impedir el ingreso de la mujer al mundo del trabajo impidiendo durante siglos que la sociedad toda pudiese lograr mayores niveles de bienestar. Sería muy difícil medir cuanto fue perdido pero solo quiero dejar al lector la tarea de imaginar la cantidad de mujeres científicas, filósofas y de otras áreas del saber que no pudieron estudiar y hacer aportes en los mercados

---

[9] https://es.wikipedia.org/wiki/Externalidad

mundiales. (y en otras áreas no económicas que no son materia de este libro)

¿La economía positiva depende es subjetiva?

Otro frente con que la economía espuria puede descalificar a la economía positiva será observada cuando un conclusión científica sea descalificada por estar teñida de los juicios de valor del economista que ha realizado la investigación. Efectivamente esto puede suceder, y como en toda ciencia social nos encontraremos que existe una diversidad de opiniones respecto a un hecho social, sin embargo, las conclusiones científicas pueden diferir en un espectro de alternativas acotadas más no la economía espuria o normativa que dependerá del punto de vista de quien las defienda o de la cantidad de votos que la respalden.

# La Mano Invisible

Comienzo este capítulo con ciertas dudas para hablar de las ventajas de la mano invisible del libre mercado porque en los últimos cien años esta forma de administrar los recursos se ha impuesto solo relativamente por sobre gobiernos totalitarios pero con un estado fuerte que actúa redistribuyendo los recursos. A pesar de lo anterior pasaré a citar esta idea planteada por Adam Smith el año 1776 en su libro titulado "La Riqueza de las Naciones", el que intentaré profundizar en los párrafos siguientes.

"Pero es solamente por el interés en las utilidades que cualquier hombre emplea su capital en apoyo de la industria; y él, por tanto, se esforzará siempre en emplearle en aquella industria cuyo producto es probable que sea del mayor valor, o en intercambiarlo por la cantidad más grande posible de dinero o de otros bienes. En esto, él está, como en muchos otros casos, guiado por una mano invisible para promover un fin que no formaba parte de su intención. Y no es siempre lo peor para la sociedad que no haya formado parte de ella. Al buscar su propio interés, él promueve frecuentemente el de la sociedad en forma más eficaz que cuando realmente planea promoverlo".

Esta idea de que el autointerés personal es una conducta racional que finalmente termina beneficiando a toda la sociedad (suponiendo a Dios como un justiciero que ordena a la sociedad de forma indirecta) permitirá sacar el mejor rendimiento de los recursos de los cuales dispone cualquier sociedad es el pilar fundamental de la economía moderna. Y guste o no al lector esta idea un poco "esotérica" ha sentado las bases de la sociedad moderna tal y como la conocemos.

La mecánica de la mano invisible es que los recursos son bien asignados en una sociedad a través de los precios, los cuales permiten asignar eficientemente la totalidad de recursos escasos con esta sola variable. En efecto, en caso que un recurso como las manzanas empiezan a escasear (por una sequía por ejemplo) influirá en que suban los precios de las manzanas desde la perspectiva de la oferta. La demanda por manzanas podrá comprar menos productos dada su restricción presupuestaria. Una vez que esto ha sucedido y suponiendo que los consumidores de frutas no cambiado sus preferencias es probable que en un próximo período intenten comprar peras en vez de manzanas que han subido mucho de precio, logrando con esto que el mercado se auto regule.

Este simple concepto de auto regulación que representa la mano invisible ha influido en muchas ramas de las ciencias sociales porque es el fundamento de la conducta humana en ramas que van desde la biología hasta obviamente la economía.

Charles Darwin propone en su teoría de la evolución de las especies que sistemas individuales pueden terminar creando otros más complejos sin la necesidad de un planificador central y fundado en la dualidad que tienen los individuos de competir y cooperar[10].

En economía una de los principales defensores de la mano invisible es el

---

[10] https://www.juandemariana.org/ijm-actualidad/analisis-diario/sobre-economia-y-evolucion

economista Friedrich Hayek[11] del que cito la siguiente frase "Cuanto más planifica el Estado, más complicada se le hace al individuo su propia planificación.".

La teoría de la mano invisible ha dado pie al concepto reduccionista del "Homo economicus[12]" teoría del comportamiento humano que supone que somos seres racionales los cuales buscan maximizar su propia utilidad logrando de forma indirecta el máximo bienestar de toda la sociedad.

Suponiendo que creemos que la mecánica de la mano invisible funciona podremos entender que la economía espuria tiende a suponer que la mano invisible existe para justificar que la maldad humana podría terminar siendo buena. Sin embargo la mano invisible no da por supuesto que las personas sean malas por el hecho de querer lograr su propios objetivos por sobre el resto de las personas, podría ser también que las personas quieren sobrevivir o simplemente quieren vivir mejor.

---

[11] https://www.libremercado.com/2017-03-29/diez-frases-de-hayek-para-entender-como-funciona-el-mercado-en-3-minutos-1276595730/

[12] https://es.wikipedia.org/wiki/Homo_economicus

¿Qué problemas resuelve la economía NO espuria?

Todas las familias tiene un economía interna sin importar si viven en un gobierno capitalista en Chile o en uno socialista como el de Venezuela. Porque todos los seres humanos debemos resolver al menos tres problemas económicos fundamentales como los siguientes ¿Qué bienes o servicios producir?; ¿Cómo producirlos? Y ¿para quién producirlos?

Estas preguntas parecen ser de utilidad para las profesionales que trabajan en políticas públicas para distribuir el tesoro público pero es un craso error porque estas preguntas deben ser resueltas primero al interior de cada hogar para impedir que lo terminen resolviendo políticas públicas espurias. Pasaré a examinar cada una de estas preguntas con ejemplos familiares que nos permitan entender la cercanía que tiene la economía y su mano invisible en nuestras vidas.

La Economía debe resolver la pregunta 1: ¿Qué debemos producir y en qué cantidad?

Creo que estas preguntas se deberían reemplazar por ¿Dónde debemos trabajar y cuantas horas en cada lugar? Porque una familia debe resolver este tema para poder vivir. En vez de pensar que la economía se mueve por las ventas de una fábrica prefiero pensar en que esta economía es empujada por las familias que están detrás, sean o no dueñas de empresas. Generalmente las familias deben decidir tomar opciones de empleo que les dan mejor remuneración pero peor calidad de vida y viceversa.

O deben decidir la cantidad de trabajo que tomarán a la semana pudiendo llegar a tener por lo menos dos empleos con tal de tener mayores ingresos dejando en su mínima expresión la cantidad de horas de ocio que destinarán a sus propias familias. Cuando tienen estos ingresos puede decidir consumirlo todo o destinar un porcentaje para invertirlo en una propiedad o en depósitos a plazo, por dar un ejemplo.

Durante muchos años las familias decidieron que las mujeres del hogar ganarían muy poco en el mercado laboral en contraste con el alto precio que debían costear por la educación de sus hijos impidiendo que muchas mujeres ingresaran al mercado laboral con el consiguiente aporte a los ingresos de la familia.

En una economía espuria, se les diría a las familias que no se preocupen porque un ser superior como el Estado se hará cargo de esta decisión asignando puestos de trabajo según sus propias necesidades impidiendo que cada familia decida según su propia opinión. Esto en sí mismo tampoco es malo, más bien es un acuerdo social donde las personas podrían preferir que un organismo superior como los empleados fiscales y políticos decidan por ellos sin que esto sea en sí mismo una forma de totalitarismo.

La Economía debe resolver la pregunta 2:¿Cómo producir estos bienes o servicios?

Una familia cualquiera debe decidir estas cuestiones y no entenderlo permitirá que los promotores de la economía espuria terminen dominando nuestras decisiones individuales. Esto se puede ejemplificar en que las familias deciden los fines de semana si preparan comida o la compran en un restaurant. Como podrá estar intuyendo, creo que las familias que decidan esto deberían hacer algún tipo de estimación básica para calcular si les conviene hacerla por ellos mismos o salir a comprarla. Esta decisión se puede hacer simplemente con el cálculo de tiempo que destinan a preparar la comida valorizada como si tuviera el mismo sueldo-hora que nos pagan en nuestros empleos formales.

En caso que el valor de nuestro tiempo más el valor de la comida que debemos preparar sea superior al valor que pagaríamos en el McDonald's creo que la mejor opción sería esta última. Sin dejar de lado que al comprar comida preparada nos ahorraremos el tiempo de lavar la loza pero tendremos que gastar tiempo en ir de compras.

Decidir la forma de producir bienes y servicios permitirá que la economía espuria no domine nuestras vidas, porque en caso que no hagamos mini evaluaciones económicas viviremos agobiados por malas decisiones tomadas sin pensar en sus consecuencias.

Desde mi perspectiva una decisión de la economía espuria se observa cuando una familia de ingresos medios o incluso donde solo la madre soltera trabaja por el sueldo mínimo gasta un 10% de su sueldo en cortes de pelo para su pequeño hijo, sin evaluar que podría hacer una inversión en una máquina de cortar el pelo la cual evitaría este pago y al cabo de cinco meses se habría ahorrado los cortes de pelo. Con un ejercicio tan simple donde se decide que consumir o en que invertir muchas familias evitarían estas decisiones espurias.

Y cortar el pelo del pequeño hijo será caro porque la emoción nos domina y creemos que poner a los niños de moda con un corte de pelo excepcional vale la pena sin pensar con que en unos años estos pequeños quizás ni se acuerden de lo ocurrido y que en realidad solo queremos satisfacer nuestra sensación de culpa por creernos malos padres o queremos aparentar que tenemos los recursos para que nuestros hijos se corten el pelo igual que el resto de sus compañeros de curso.

La Economía debe resolver la pregunta 3:¿Quién lucrará con los beneficios de la actividad económica?

Nuevamente quiero acercar la resolución de este problema con el uso de la ciencia económica con el fin de evitar que nos domine la economía espuria con un ejemplo tan cercano que nos permita comprender mejor las decisiones que tomamos o que podríamos tomar.

En las familias actuales donde la mujer comienza a ganar un sueldo similar al del hombre surge la pregunta respecto a la propiedad de la casa o del vehículo que ocupan. Pero llevemos este ejemplo a un extremo donde la mujer tiene un sueldo alto y el marido está desempleado. En este caso ¿Quién decide la cantidad de sueldo de la señora que se debe destinar al ocio del marido? Esto puede parecer pedestre pero es la misma decisión que deben tomar los gobiernos cuando destinan su presupuesto anual para financiar seguros de desempleo. Esta familia puede decidir destinar un monto mínimo al marido para que busque un nuevo trabajo, pero si pasan muchos meses en que no logre re insertarse ¿podría darse una posible separación? ¿Sería esto lo correcto?

Podría ser que la mano invisible haga recapacitar al marido una vez que haya vuelto a vivir con sus padres y madure intentando encontrar un trabajo definitivo.

# Conclusiones

En este libro he presentado los pilares de
las ciencias económicas, las cuales se centran
en el gran problema humano de la asignación
de recursos ante el dilema de la escasez. Para
hacerlo he tenido que comenzar con la
definición de espurio, refiriéndome a que es
algo falso. Luego he ido dando ejemplos de la
vida cotidiana donde demuestro que muchas
veces nos convencen o nos auto
convencernos de que la economía es una
ciencia mala a pesar de que los elementos de
juicio están basados en ejemplos espurios.

Los ejemplos espurios que presenté los
expliqué con peras y manzanas con el
ejemplo de la fábrica de frutas donde
trabajaban buenos amigos que llamé Adam
Smith y Carl Marx. Al usar estos nombres que
dividen a la sociedad hasta ahora solo quería
invitar al lector a que se abra a nuevas ideas y
que no defienda puntos de vista como si estas
fueran verdades reveladas que nos impidan
examinarlas con nuestro propio
razonamiento.

# BIBLIOGRAFÍA

1.  Manual de Introducción a la economía. Universidad San Martín de Porres.

    Link: https://www.usmp.edu.pe/estudiosgen erales/pdf/2017-I/MANUALES/INTRODUCCION%20A%20 LA%20ECONOMIA.pdf

## SOBRE EL AUTOR

Claudio Pardo Molina nació el año 1977 y está casado con la profesora Giannina Colombo, con quien tienen cinco hijos. Estudió en el extinto liceo público Miguel Luís Amunátegui, es Ingeniero Comercial de la Universidad de Chile y cuenta con un Magister en Gestión y Dirección de Empresas (MBA) con mención en habilidades directivas, de la escuela de ingeniería industrial de esa misma casa de estudios.

Ha trabajado en diversas empresas como el Banco Central de Chile, la Fundación Educacional Albert Einstein, la Universidad de Chile. Actualmente trabaja en la Pontificia Universidad Católica de Chile. Además en su tiempo libre participa en una organización no gubernamental de orden filantrópico.

En su experiencia laboral ha llegado a la conclusión de que hoy en día los valores y la antigua sabiduría se han hecho más necesarios que nunca. Debido quizás a que gran parte de los problemas actuales se deben a problemas éticos que se arrastran del pasado y de la profundidad de las contradicciones del ser humano.

Gran parte de sus libros tratan de traer a la presente sabiduría milenaria tanto de oriente como occidente. Esperando que este conocimiento nos pueda ayudar a respondernos esas interminables dudas del ser. ¿De dónde venimos? ¿Quiénes somos? ¿Hacia dónde vamos?